A Paris, à Londres, à New
Anne. Anne est supermann
numéro un du monde. Elle
ᵖ ᵉlle a 17 ans.

Anne a aussi un copain riche et célèbre:
Mimi, chanteur de rock.

Mais elle a aussi une rivale: Janine, un autre
mannequin. Janine est jalouse d'Anne.

supermannequin	supermodel
du monde	in the world
un copain	boyfriend
célèbre	famous
chanteur	singer
jalouse	jealous

un 1

Un jour, Anne reçoit un message horrible:
«Anne: arrête de travailler ou ta vie est en danger!»
Vite, Anne appelle Vincent, son agent.

Vincent est choqué. «C'est horrible! J'appelle la
police immédiatement...»
«Non, non», répond Anne. «J'arrête de travailler...»
«Non», insiste Vincent. «J'appelle la police
immédiatement.»

reçoit	receives
arrête de travailler	stop working
ou ta vie est en danger	or you're dead
choqué	shocked
j'arrête de travailler	I'll stop working

Vincent appelle la police. L'inspecteur arrive.
Elle s'appelle Marlène Leduc.

«Voici le message», dit Vincent. Marlène le regarde.
«Hmmm... » dit-elle.
«Qu'en pensez-vous? J'ai peur», dit Anne.

Marlène pose beaucoup de questions. Enfin, elle dit:
«Ce message est le travail d'un amateur. Continuez
à travailler! Ne le prenez pas au sérieux.»

l'inspecteur	police detective
qu'en pensez-vous?	what do you think?
j'ai peur	I'm afraid
pose des questions	asks questions
enfin	finally
au sérieux	seriously

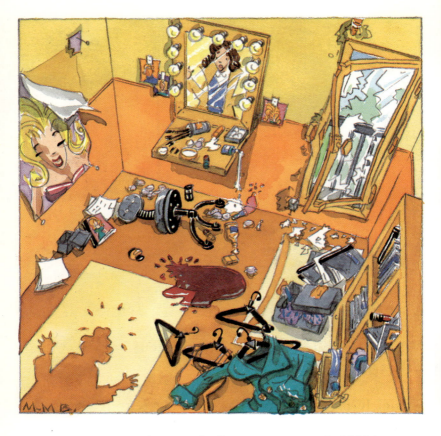

Deux semaines plus tard, il y a un grand défilé
de mode à New York. L'annonceur dit: «Et voici
Anne...» Mais... pas d'Anne. On regarde dans la loge
d'Anne. Pas d'Anne, mais... quelle horreur! Il y a
du sang et une fenêtre cassée.

un défilé de mode	fashion show
la loge	dressing room
du sang	blood
une fenêtre cassée	a broken window

Janine, la rivale d'Anne, prend sa place.
Elle a beaucoup de succès. Mais... où est Anne?
Elle a été kidnappée? Elle est morte?
Encore une fois, Marlène Leduc enquête...

prend sa place	takes her place
elle est morte?	is she dead?
encore une fois	once again
enquête	investigates

Marlène est déconcertée. Elle regarde encore
le message. Elle regarde aussi les photos d'Anne,
de Mimi et de Janine.

«Il y a quelque chose de bizarre...», pense-t-elle.

Marlène décide d'interroger les suspects. Elle parle
d'abord à Janine, la rivale d'Anne.

déconcertée	puzzled
quelque chose de bizarre	something strange
interroger	to interview
elle parle d'abord à	first of all she speaks to

«Janine, vous êtes la rivale d'Anne», dit Marlène.
«Oui», répond Janine. «Anne a beaucoup de succès
et moi, je suis jalouse. Mais... tuer Anne? Non,
ce n'est pas possible.»
«Hmmm...» répond Marlène. «Merci, Janine.»

Marlène regarde bien Janine. «Janine est innocente»,
pense-t-elle.

tuer   kill
pense-t-elle   she thinks

Marlène parle ensuite à Kévin, le photographe.
Il fait des photos, et Marlène pose des questions.

«Kévin, vous êtes amoureux d'Anne?» commence
Marlène.
«Euh... oui», dit Kévin. «Mais Anne préfère Mimi,
le chanteur.»
«Et vous... vous êtes jaloux ?» demande Marlène.
«Un peu», répond Kévin. «Mais je ne suis pas
capable de...»
«Non, non...», répond Marlène. «Merci, Kévin».

ensuite	next
le photographe	photographer
amoureux d'Anne?	in love with Anne?
jaloux	jealous

Ensuite, Marlène parle à Vincent, l'agent d'Anne.
«Alors, où est Anne?» demande Vincent.
«Je ne sais pas», répond Marlène. «Et vous?
Que savez-vous, Vincent? Un kidnapping,
ça fait de la publicité, non?»
«Non!» répond Vincent. «Sans Anne, je perds
un million de francs par jour.»

que savez-vous?	what do you know?
ça fait de la publicité	it's good publicity
sans	without
je perds	I'm losing
par jour	a day

Marlène décide d'interroger Mimi, le copain d'Anne.
Elle téléphone à son agent.
Il dit: «Mimi est en tournée avec son groupe.»
Marlène continue: «Je suis inspecteur de police.
C'est très important.»
L'agent répond: «Mimi est... à Madagascar.»
Marlène appelle son secrétaire: «Achète-moi
un billet d'avion pour Madagascar. Je pars
immédiatement.»

en tournée	on tour
un billet d'avion	plane ticket
je pars	I'm leaving

Marlène arrive à Madagascar à trois heures. Il fait
très chaud. «Maintenant, où est Mimi?» dit-elle.

Marlène appelle Mimi à son hôtel, mais...
pas de réponse.

Elle appelle aussi la salle de concert. Toujours
pas de réponse.

Marlène attend Mimi dans sa voiture devant l'hôtel.

il fait très chaud	the weather's very hot
pas de réponse	no reply
la salle de concert	the concert hall
toujours	still
attend	waits for

Trois heures plus tard, Marlène voit Mimi. Il quitte l'hôtel. Avec Mimi, il y a une femme mystérieuse. Qui est-ce?

Mimi et la femme partent en voiture. Marlène suit la voiture. Elle est soupçonneuse. Où vont-ils? Ce sont peut-être les kidnappeurs d'Anne.

voit	sees
quitte	leaves
qui est-ce?	who is it?
partent en voiture	leave in a car
suit	follows
soupçonneuse	suspicious

Mimi et la femme mystérieuse sortent de la voiture.
Marlène les suit.

«Hmmm», pense Marlène. «Anne a été kidnappée,
elle est peut-être morte, et Mimi est heureux.
C'est bizarre!»

Mimi et la femme mystérieuse entrent
dans une petite maison sur la plage.

Cinq minutes plus tard, Marlène ouvre la porte
du jardin.

sortent de la voiture	get out of the car
Marlène les suit	Marlène follows them
heureux	happy

Dans le jardin, il y a deux personnes: Mimi...
et Anne!

Anne boit une limonade. Sur la table,
il y a une perruque noire et des lunettes de soleil.
Maintenant, Marlène comprend... La femme
mystérieuse, c'est Anne!

«La police vous cherche partout! Et vous, vous êtes
en vacances!» dit Marlène.

une perruque noire	a black wig
des lunettes de soleil	sunglasses
vous cherche partout	are looking everywhere for you

«Le message mystérieux, le sang, la fenêtre cassée... c'était vous?»

«Oui», dit Anne. «Vincent veut toujours que je travaille. Je ne passe pas beaucoup de temps avec Mimi...»

«Et la police n'a pas de temps à perdre!» dit Marlène. «On rentre à Paris immédiatement. »

Anne doit payer une amende.
Et Janine est maintenant le supermannequin numéro un. La carrière d'Anne est finie...

c'était vous	it was you
je ne passe pas	I don't spend
beaucoup de temps	much time
n'a pas de temps à perdre	can't afford to waste time
une amende	a fine

Es-tu bon(ne) détective?
Une personne ne dit pas la vérité. Qui est-ce?

1 Je m'appelle Janine.
Je suis mannequin.

2 Je suis chanteur de rock.
Mon nom? Mimi.

3 Je suis photographe
et je m'appelle Kévin.

4 Je suis Vincent,
l'agent d'Anne.

5 Je suis supermannequin.
Je m'appelle Claudia.

6 Je suis supermannequin.
Je m'appelle Anne.